Novena
NIÑO DIVINO
Por Laila Pita

© Calli Casa Editorial, 2012
© Yhacar Trust 2021
Todos los derechos registrados. Prohibida la reproducción total o parcial de esta obra en todo su contenido: texto, dibujos, ideas e ilustraciones de portada, sin autorización por escrito.

◈

www.solonovenas.com
#2500-158

UN POCO DE HISTORIA

El Niño Divino es, por supuesto, Nuestro Señor Jesucristo en su infancia. Se le confunde con la imagen del Santo Niño de Praga, que finalmente es nada más que otra de sus representaciones. Se dice que Jesús aún siendo pequeño hacía milagros, que en un principio tomaba como juego en su calidad de niño, pero al mismo tiempo practicaba la justicia. José se vio en la necesidad de reprenderlo en varias ocasiones. Jesús, según las escrituras, dijo que si se le pedía por los méritos de su infancia, sus oraciones serían escuchadas. Cuando llega a Barranquilla, el padre salesiano Juan del Rizzo en 1914, planea la construcción de un templo, pero no lo logra. Siendo devoto de Nuestro Señor Jesucristo, hace oración por los méritos de su infancia, en poco tiempo logra edificar el templo con éxito extraordinario. A partir de entonces se convirtió en un gran devoto del Niño

Divino y dedicó su vida a la propagación de la devoción. En Medellín los devotos del Niño se opusieron, argumentando que ellos tenían la exclusividad sobre el Niño de Praga, hasta que se les hizo entender que se trataba de otra imagen del Niño Jesús. Para distinguirlo se le nombró Niño Divino.

MILAGRO

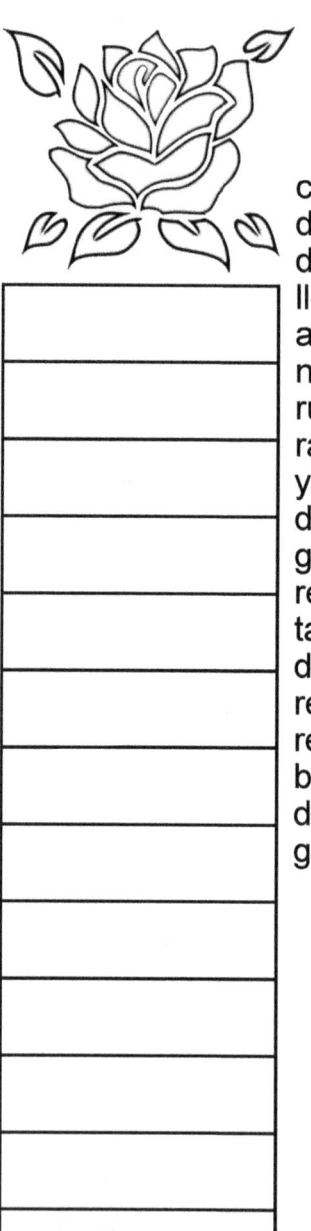

En el país del Salvador, una joven cayó de un caballo quedando fracturada de un brazo. Con ayuda de amigos y familiares, fue llevada al hospital para ser atendida. Para sanarla, fue necesario la intervención quirúrgica. Después de ser retirados los tornillos, el brazo ya no tuvo movimiento. Quedó completamente recto. Según los médicos ya no había remedio. La familia era devota del Niño Divino. A través de la oración lograron que se realizara el milagro y la joven recuperó el movimiento del brazo. Desde entonces se dedica a dar testimonio de la gracia concedida.

ORACIÓN DIARIA

Adorado Niño Divino, en el cielo fulgor resplandeciente, de tus múltiples milagros estoy consciente. Junto contigo creció la piedad, la bondad y la gloria. Son miles los beneficiados en toda la historia. Vengo con humildad a rogarte me concedas un milagro urgente. La vida se presenta inclemente. Hoy Santo Niño necesito tu asesoría, apiádate de mí hermoso hijo de María. El mal me ronda constante. Quiero librarme de él en este instante. Sin esta pena, feliz yo estaría. Poderoso Niño Divino tu mano tiene sobre todo la victoria.

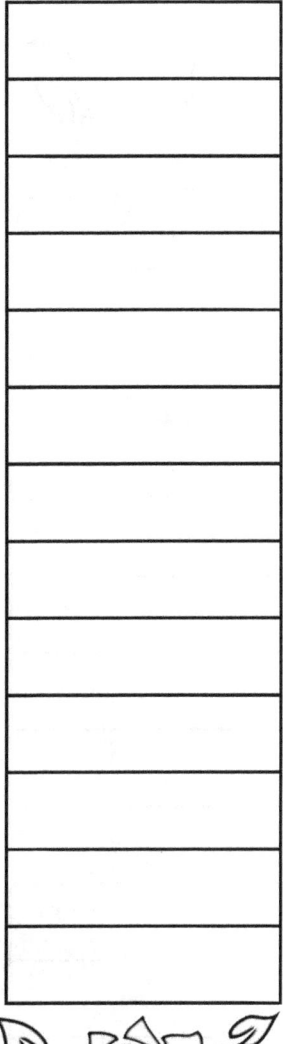

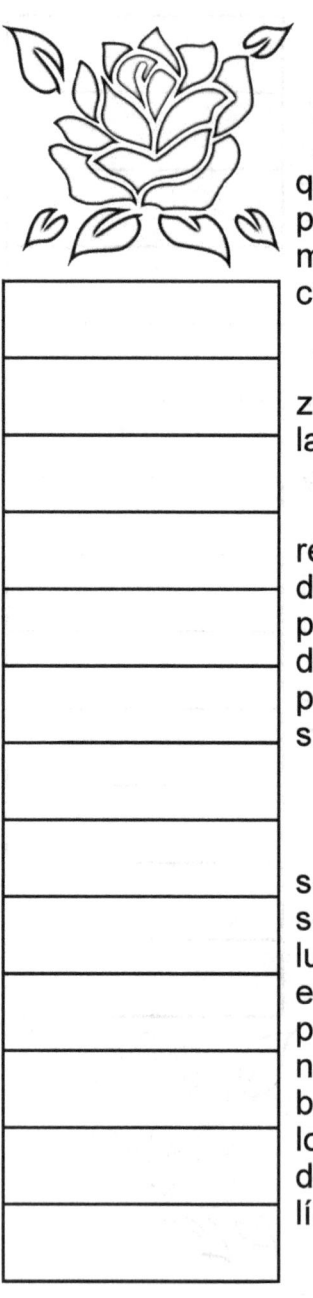

HAGA SU PETICIÓN

Aquí estoy hincado a tus pies. Con la luz de tus quinqués que no tienen comparación alumbra a este humilde feligrés que viene a hacerte esta petición.

Te ruego con todo mi corazón me concedas... (se hace la petición)

Esto es un asunto de interés te suplico tu atención me des. Concédeme lo que te pido en esta ocasión y con tu divina protección me ayudes, para que seas tú siempre mi salvación.

Padre Nuestro, que estás en el cielo, santificado sea tu nombre; venga a nosotros tu reino; hágase tu voluntad, en la tierra como en el cielo. Danos hoy nuestro pan de cada día; perdona nuestras ofensas, como también nosotros perdonamos a los que nos ofenden; no nos dejes caer en la tentación, y líbranos del mal. Amén.

Dios te salve, María, llena eres de gracia, el Señor es contigo. Bendita tú eres entre todas las mujeres, y bendito es el fruto de tu vientre: Jesús. Santa María, Madre de Dios, ruega por nosotros, pecadores, ahora y en la hora de nuestra muerte. Amén.

Gloria al Padre, al Hijo y al Espíritu Santo. Como era en el principio, ahora y siempre, por los siglos de los siglos. Amén.

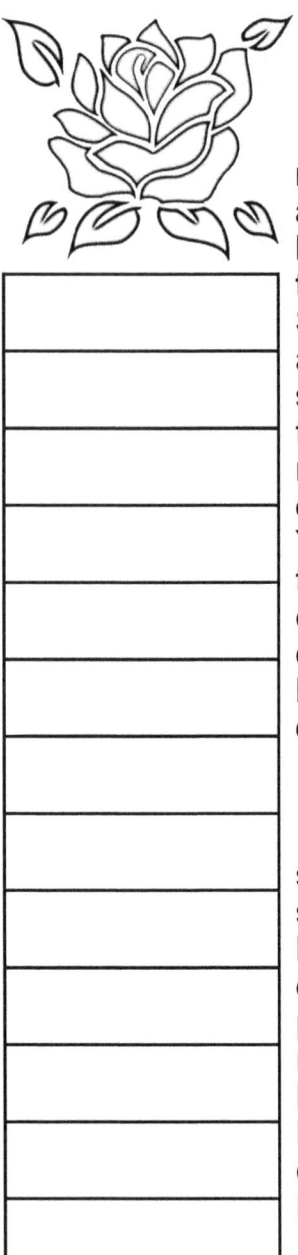

DÍA PRIMERO

Niño Divino a la cuenta de nueve, espero me respondas para resolver el asunto que me mueve. Por los méritos de tu infancia, te lo ruego sin arrogancia. Santo Niño desde el cielo tu amor nos llueve. Necesito resolver este asunto antes que traiga consecuencia. No permitas que las malas lenguas ejerzan en mí su influencia. Yo me comprometo a afrontar las obligaciones que esto conlleve. Ayúdame mi Niño que mi desesperación sea breve. Pequeño Lucero de dulce fragancia.

Padre Nuestro, que estás en el cielo, santificado sea tu nombre; venga a nosotros tu reino; hágase tu voluntad, en la tierra como en el cielo. Danos hoy nuestro pan de cada día; perdona nuestras ofensas, como también nosotros perdonamos a los que nos ofenden; no nos dejes caer en la tentación, y líbranos del mal. Amén.

Dios te salve, María, llena eres de gracia, el Señor es contigo. Bendita tú eres entre todas las mujeres, y bendito es el fruto de tu vientre: Jesús. Santa María, Madre de Dios, ruega por nosotros, pecadores, ahora y en la hora de nuestra muerte. Amén.

Gloria al Padre, al Hijo y al Espíritu Santo. Como era en el principio, ahora y siempre, por los siglos de los siglos. Amén.

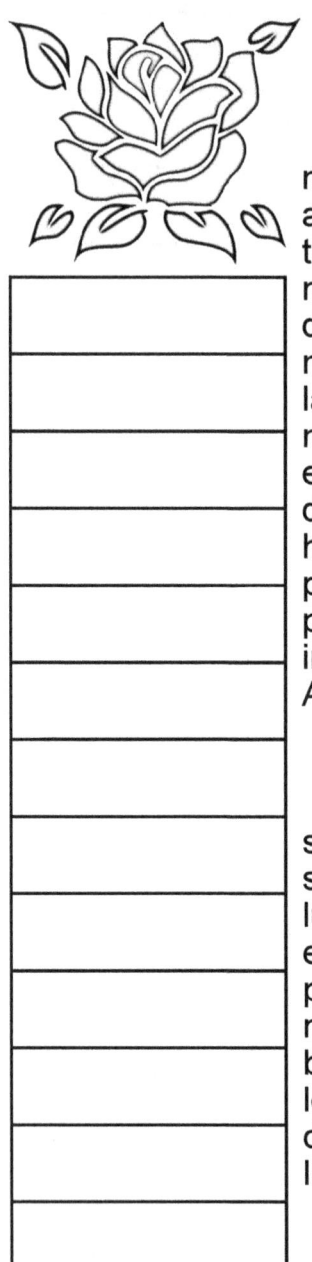

DÍA SEGUNDO

Dulce Infante, a la cuenta de ocho, espero el milagro gozoso. Te imploro alivies el mal que a mi alma tortura. No permitas que esto me lleve a la sepultura. Te dedico esta novena Niño hermoso, para que me tiendas la mano, presuroso. Aclárame la mente para no entrar en conjetura. Bendito Hijo de María amarte es un acto honroso, porque eres un ser perfecto y bondadoso. Cumpliste tu encomienda como indica la Sagrada Escritura. Amadísima y tierna Criatura.

Padre Nuestro, que estás en el cielo, santificado sea tu nombre; venga a nosotros tu reino; hágase tu voluntad, en la tierra como en el cielo. Danos hoy nuestro pan de cada día; perdona nuestras ofensas, como también nosotros perdonamos a los que nos ofenden; no nos dejes caer en la tentación, y líbranos del mal. Amén.

Dios te salve, María, llena eres de gracia, el Señor es contigo. Bendita tú eres entre todas las mujeres, y bendito es el fruto de tu vientre: Jesús. Santa María, Madre de Dios, ruega por nosotros, pecadores, ahora y en la hora de nuestra muerte. Amén.

Gloria al Padre, al Hijo y al Espíritu Santo. Como era en el principio, ahora y siempre, por los siglos de los siglos. Amén.

DÍA TERCERO

Con el respeto merecido, a la cuenta de siete, espero respuesta a lo que me compete. Te entrego esta novena Niño Santo, para pedir llenes mi negocio de clientes, necesarios para que progrese en los días siguientes. Retira al que mi actividad estorba y en todo se entromete, que salga de mi espacio como cohete. Adorado Niño Divino en ti confío porque tus milagros son florecientes, benefician a todas las gentes. Con amor vendré a adorarte a tu templete. Un Ángel cantor una melodía para ti interprete.

Padre Nuestro, que estás en el cielo, santificado sea tu nombre; venga a nosotros tu reino; hágase tu voluntad, en la tierra como en el cielo. Danos hoy nuestro pan de cada día; perdona nuestras ofensas, como también nosotros perdonamos a los que nos ofenden; no nos dejes caer en la tentación, y líbranos del mal. Amén.

Dios te salve, María, llena eres de gracia, el Señor es contigo. Bendita tú eres entre todas las mujeres, y bendito es el fruto de tu vientre: Jesús. Santa María, Madre de Dios, ruega por nosotros, pecadores, ahora y en la hora de nuestra muerte. Amén.

Gloria al Padre, al Hijo y al Espíritu Santo. Como era en el principio, ahora y siempre, por los siglos de los siglos. Amén.

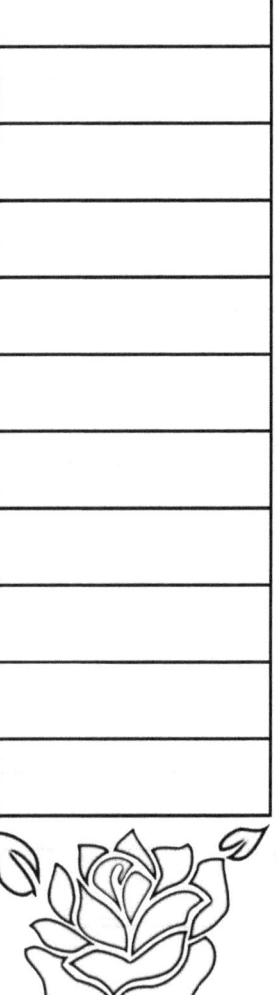

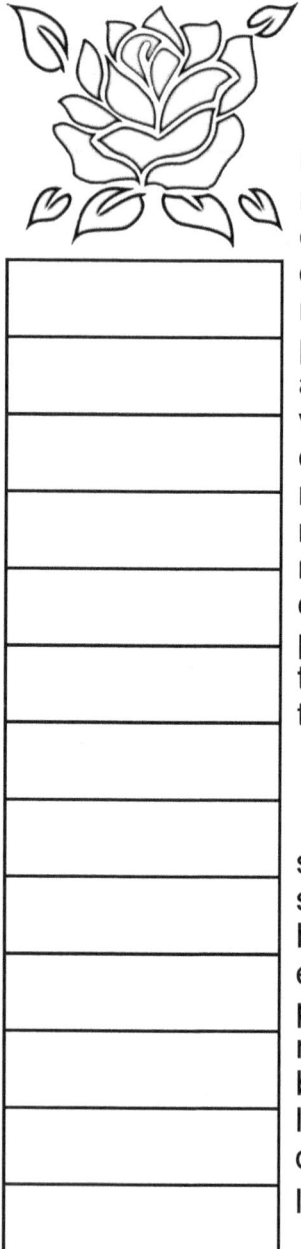

DÍA CUARTO

Divino Infante, a la cuenta de seis espero la luz que alumbre mi camino. Sácame de esta terrible oscuridad. Poderoso Niño evita que me cause contrariedad. Hermoso Pequeño permite que mi corazón esté alegre, aún sin una gota de vino. Quiero caminar en paz con tu guía agraciado Rabino. Que tu ayuda llegue con rapidez de la tempestad. Te ruego esto me concedas preciosa Majestad. Un coro de pájaros te canten con dulce trino, acompañados de viento marino.

Padre Nuestro, que estás en el cielo, santificado sea tu nombre; venga a nosotros tu reino; hágase tu voluntad, en la tierra como en el cielo. Danos hoy nuestro pan de cada día; perdona nuestras ofensas, como también nosotros perdonamos a los que nos ofenden; no nos dejes caer en la tentación, y líbranos del mal. Amén.

Dios te salve, María, llena eres de gracia, el Señor es contigo. Bendita tú eres entre todas las mujeres, y bendito es el fruto de tu vientre: Jesús. Santa María, Madre de Dios, ruega por nosotros, pecadores, ahora y en la hora de nuestra muerte. Amén.

Gloria al Padre, al Hijo y al Espíritu Santo. Como era en el principio, ahora y siempre, por los siglos de los siglos. Amén.

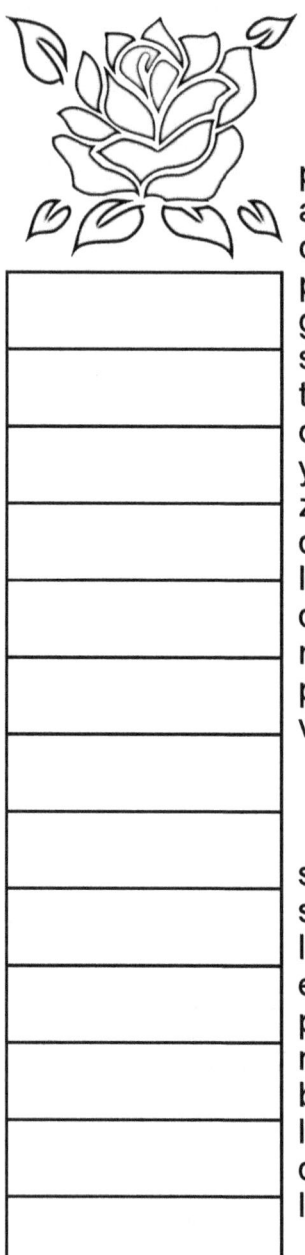

DÍA QUINTO

Sagrado Hijo de María, a la cuenta de cinco espero el dinero que pague el adeudo que busco con ahínco. Así como multiplicaste el pan, ayúdame para que tenga recursos y no me falte el sustento. Con esto Niño Santo yo viviré contento. Esta deuda me provoca angustia y cuando duermo a mi corazón hace pegar un brinco. La desesperación me trae de un lado a otro como mico. Bendito Infante a tu señal permanezco atento. Precioso como perla del mar, liviano como el viento.

Padre Nuestro, que estás en el cielo, santificado sea tu nombre; venga a nosotros tu reino; hágase tu voluntad, en la tierra como en el cielo. Danos hoy nuestro pan de cada día; perdona nuestras ofensas, como también nosotros perdonamos a los que nos ofenden; no nos dejes caer en la tentación, y líbranos del mal. Amén.

Dios te salve, María, llena eres de gracia, el Señor es contigo. Bendita tú eres entre todas las mujeres, y bendito es el fruto de tu vientre: Jesús. Santa María, Madre de Dios, ruega por nosotros, pecadores, ahora y en la hora de nuestra muerte. Amén.

Gloria al Padre, al Hijo y al Espíritu Santo. Como era en el principio, ahora y siempre, por los siglos de los siglos. Amén.

DÍA SEXTO

Espléndido Hijo del Espíritu Santo, a la cuenta de cuatro espero la salud que restaure mi cuerpo del dolor que siento. Criatura de rostro bonito, ayúdame con tu poder infinito. Te imploro me des salud con tu inmenso amor pequeño Maestro. Prometo rezarte cada día un Padre Nuestro. Dame alivio en este momento fortuito. Ante ti Divino Niño me postro, de tu atención hoy quiero ser el centro y besar tu pie suave y chiquito. Estoy seguro darás tranquilidad a mi corazón contrito.

Padre Nuestro, que estás en el cielo, santificado sea tu nombre; venga a nosotros tu reino; hágase tu voluntad, en la tierra como en el cielo. Danos hoy nuestro pan de cada día; perdona nuestras ofensas, como también nosotros perdonamos a los que nos ofenden; no nos dejes caer en la tentación, y líbranos del mal. Amén.

Dios te salve, María, llena eres de gracia, el Señor es contigo. Bendita tú eres entre todas las mujeres, y bendito es el fruto de tu vientre: Jesús. Santa María, Madre de Dios, ruega por nosotros, pecadores, ahora y en la hora de nuestra muerte. Amén.

Gloria al Padre, al Hijo y al Espíritu Santo. Como era en el principio, ahora y siempre, por los siglos de los siglos. Amén.

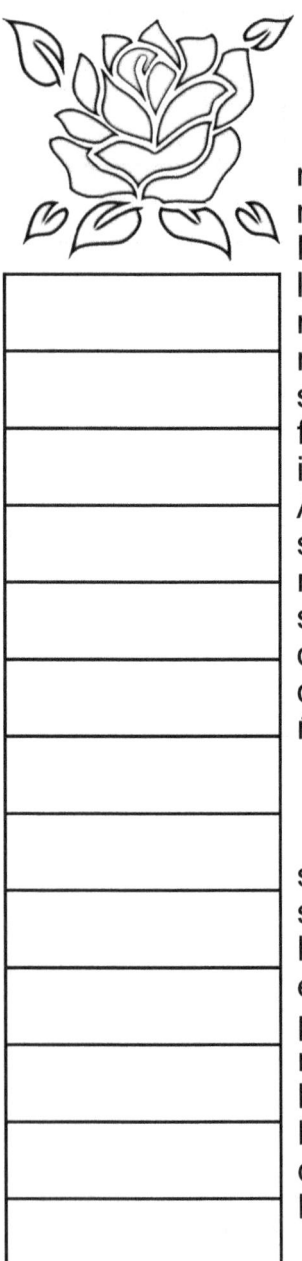

DÍA SÉPTIMO

Agraciado Niño Jesús, a la cuenta de tres espero el amor que sane mi corazón y me libres del estrés. No quiero seguir mirando a lo lejos por el ventanal, ni sumirme en esta soledad infernal. Tú das amor a todos los sufrientes, con tus milagros florecientes. Niño Divino sin igual, dame un cariño total. Actúa rápido y no lo pienses, porque el tiempo pasa y no lo sientes. Para amar yo soy cabal, sin caer en pasión descomunal. Tienes la gracia de un gran Marqués, pequeño divino Juez.

Padre Nuestro, que estás en el cielo, santificado sea tu nombre; venga a nosotros tu reino; hágase tu voluntad, en la tierra como en el cielo. Danos hoy nuestro pan de cada día; perdona nuestras ofensas, como también nosotros perdonamos a los que nos ofenden; no nos dejes caer en la tentación, y líbranos del mal. Amén.

Dios te salve, María, llena eres de gracia, el Señor es contigo. Bendita tú eres entre todas las mujeres, y bendito es el fruto de tu vientre: Jesús. Santa María, Madre de Dios, ruega por nosotros, pecadores, ahora y en la hora de nuestra muerte. Amén.

Gloria al Padre, al Hijo y al Espíritu Santo. Como era en el principio, ahora y siempre, por los siglos de los siglos. Amén.

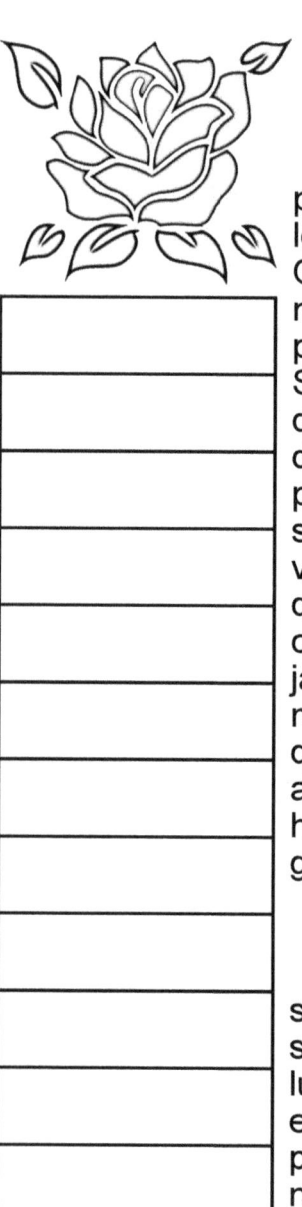

DÍA OCTAVO

Santísimo Niño Jesús, a la cuenta de dos espero el pañuelo que calle a los chismosos amargados. Que actúan mal por mantenerse ociosos, almacenando pensamientos pecaminosos. Son incansables y aguerridos y por nadie son queridos. Rey de Reyes líbrame pronto de estos seres odiosos y dales quehaceres provechosos, porque a todos los que tratan dejan enojados y con lágrimas sus rostros mojados. Altísimo Niño Divino manténlos ocupados, para que no dañen, de mí vivan apartados. Niño de dones hermosos, a tu paso me pongo de hinojos.

Padre Nuestro, que estás en el cielo, santificado sea tu nombre; venga a nosotros tu reino; hágase tu voluntad, en la tierra como en el cielo. Danos hoy nuestro pan de cada día; perdona nuestras ofensas, como también nosotros perdonamos a los que nos ofenden; no nos dejes caer en la tentación, y líbranos del mal. Amén.

Dios te salve, María, llena eres de gracia, el Señor es contigo. Bendita tú eres entre todas las mujeres, y bendito es el fruto de tu vientre: Jesús. Santa María, Madre de Dios, ruega por nosotros, pecadores, ahora y en la hora de nuestra muerte. Amén.

Gloria al Padre, al Hijo y al Espíritu Santo. Como era en el principio, ahora y siempre, por los siglos de los siglos. Amén.

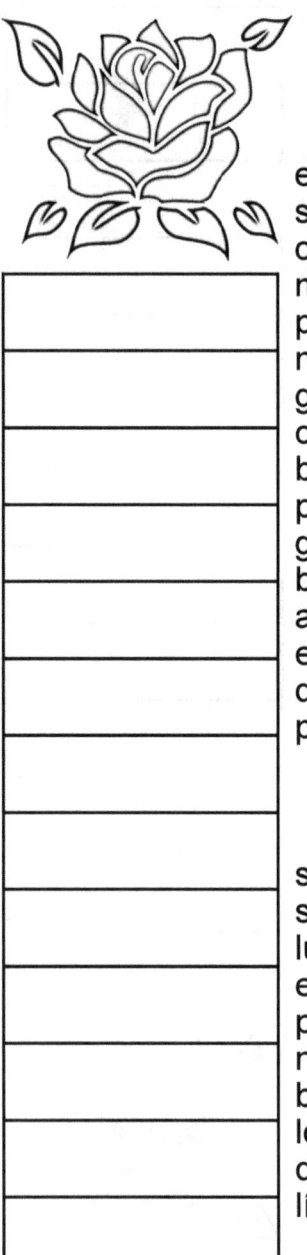

DÍA NOVENO

Venturoso Rey de la Gloria, a la cuenta de uno espero el empleo que me de seguridad. La escasez me causa contrariedad. Nunca me he negado a trabajar, pero dinero que me alcance no he podido encontrar. Llega pronto santo Niño con tu caridad y haz que sea cubierta esta necesidad. Haz pronto el milagro no me hagas esperar. Idolatrado Niño bueno por siempre te he de amar. Santo Infante tu eres esperanza y verdad. Concédeme esta gracia y si me lo pides los vuelvo a contar.

Padre Nuestro, que estás en el cielo, santificado sea tu nombre; venga a nosotros tu reino; hágase tu voluntad, en la tierra como en el cielo. Danos hoy nuestro pan de cada día; perdona nuestras ofensas, como también nosotros perdonamos a los que nos ofenden; no nos dejes caer en la tentación, y líbranos del mal. Amén.

Dios te salve, María, llena eres de gracia, el Señor es contigo. Bendita tú eres entre todas las mujeres, y bendito es el fruto de tu vientre: Jesús. Santa María, Madre de Dios, ruega por nosotros, pecadores, ahora y en la hora de nuestra muerte. Amén.

Gloria al Padre, al Hijo y al Espíritu Santo. Como era en el principio, ahora y siempre, por los siglos de los siglos. Amén.

ORACIÓN FINAL

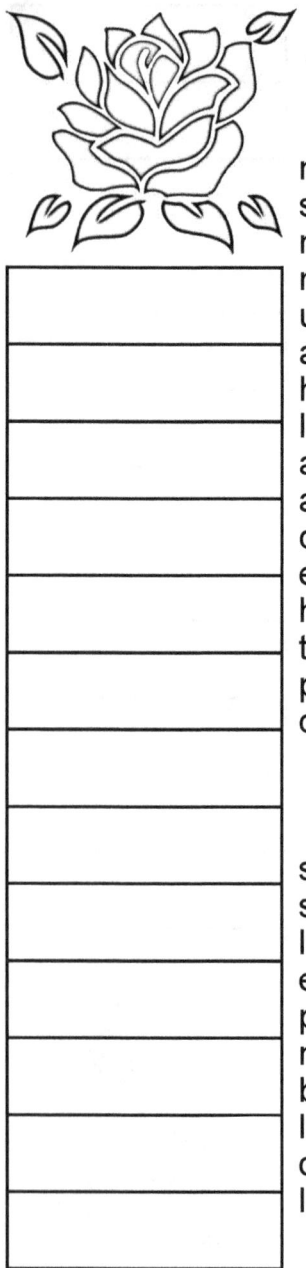

Inmaculado hijo de María, a ti encomiendo el alma mía. Niño Santo y milagroso, de poder acercarme a ti me siento gozoso. Te ruego mi Santo Niño me concedas una gracia presuroso. Con tu ayuda pequeño Jesús, en mi hogar todo se compondría, la desdicha se volvería en alegre romería. Aparta de mí al maloso que ronda sospechoso. Niño Divino esta vida es transitoria y con el tiempo habremos pasado a la historia, por eso te imploro me permitas vivir dichoso y hacer algo provechoso.

Padre Nuestro, que estás en el cielo, santificado sea tu nombre; venga a nosotros tu reino; hágase tu voluntad, en la tierra como en el cielo. Danos hoy nuestro pan de cada día; perdona nuestras ofensas, como también nosotros perdonamos a los que nos ofenden; no nos dejes caer en la tentación, y líbranos del mal. Amén.

Dios te salve, María, llena eres de gracia, el Señor es contigo. Bendita tú eres entre todas las mujeres, y bendito es el fruto de tu vientre: Jesús. Santa María, Madre de Dios, ruega por nosotros, pecadores, ahora y en la hora de nuestra muerte. Amén.

Gloria al Padre, al Hijo y al Espíritu Santo. Como era en el principio, ahora y siempre, por los siglos de los siglos. Amén.

Papá Dios: que tu sabiduría nos guíe; que tu luz ilumine nuestro camino; que tu amor nos de paz; que tu poder nos proteja, y que por donde quiera que caminemos, tu presencia nos acompañe. Gracias Papá Dios que ya nos oíste. Amén.

www.ingramcontent.com/pod-product-compliance
Lightning Source LLC
Chambersburg PA
CBHW070634150426
42811CB00050B/303